DECLARATION

DV ROY, VERIFIEE A LA COVR DES AYDES,

par laquelle sa Maiesté veut & entend que l'Eedit des Procureurs, aux Ellections & Greniers à Sel, soit executé, & que les differends meus & a mouuoir en consequence d'iceluy, soyent iugez & terminez par ladite Cour des Aydes.

A PARIS,

Chez Ioseph Gverreav, deuant la grand porte du Palais, au Griffon d'Or, prés Sainct Barthelemy.

M. D. C. XVI.

DECLARATION DV

Roy, verifiee à la Cour des Aydes, par
laquelle sa Majesté veut & entend
que l'Eedit des Procureurs, aux Esle-
ctions, & Greniers à Sel, soit executé,
& que les differends meus & a mouuoir en consequence d'iceluy, soyent
iugez & terminez par ladicte Cour
des Aydes.

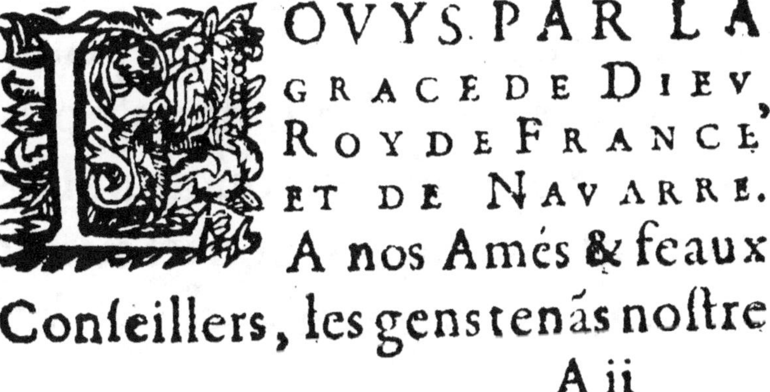

OVYS PAR LA
GRACE DE DIEV,
ROY DE FRANCE,
ET DE NAVARRE.
A nos Amés & feaux
Conseillers, les gens tenás nostre

Cour des Aydes à Paris, Salut. Le
feu Roy noſtre treſ-honoré Seigneur, & pere, que Dieu abſol-
ue, par ſon Eçdit du mois de De-
cébre mil cinq cés quatre-vingts
dix ſept, regiſtré en noſtredite
Cour, le vingt-troiſieſme iour
d'Octobre mil ſix cens vn, auroit
pour bōnes & iuſtes cōſid eratiōs
y cótenuës, creé & erigé en tiltre
d'office, formé certain nombre
de Procureurs en chacune eſle-
ction & Grenier à Sel de ce
Royaume, auec pouuoir d'y
poſtuler à l'excluſion des Procureurs de nos Bailliages & Sieges
Preſidiaux, pour eſtre les pourueus receus auſdits Offices, non-
obſtant oppoſitions ou appellations quelconques, dont il auroit
reſerué la cognoiſſance à ſon

Conseil, & icelle interdite à tous
nos Iuges. Sur lequel Eedict &
arrest ensuiuy en nostredit Conseil le vingt-deuxsiesme iour de
Iuin mil six cens treize, plusieurs
ayans leué desdits Offices, auroit
esté formé quelques oppositiõs à
la reception des pourueus par les
Procureurs desdits Presidiaux,
traictees en nostredict Conseil,
& deuant vous. Surquoy seroient
interuenus arrests contradictoi-
res, mesmes côtre les Procureurs
de l'Election de Paris, & ceux du
Presidial d'Orleans. Par lesquels
les pourueus en vertu du susdit
Eedict de quatre-vingts dixsept,
auroient esté maintenus en la
possession & iouissance de leurs-
dits offices. Mais aussi vous au-
riez donné quelques autres ar-
A iij

rests pour auoir la cognoiſſance
d'aucunes deſdites oppoſitions.
De ſorte que ſur telles conten-
tions les parties ont longuement
& auec grands frais proceddé, &
proceddent encores de preſent
en noſtredit Conſeil , & deuant
vous, outre que ce qui en reſte à
executer, demeure parce moyen
retardé au preiudice de noſtre
ſeruice. Et combien que ladite
interdiction ait eſté faicte auec
meure deliberatió, & qu'il s'agiſt
de l'execution de noſtredit Eedict. Neantmoins deſirant con-
ſeruer l'authorité & Iuriſdictió de
nos Cours Souueraines, & faire
que tous procez & differends
meus & à mouuoir en execution
& conſequence, du ſuſdict Eedict, ſoient par vous iugez & ter-

minez. A CES CAVSES, de
l'aduis de la Royne noſtre treſ-
honnorée Dame & mere,& de
noſtredict Conſeil. Nous voulons & vous mandons treſ-expreſſement par ces preſentes, ſi-
gnees de noſtremain, qu'en executant noſdits Eedict & arreſts
ſus - mentionnez leſquels nous
voulons & entendons ſortir leur
plain & entier effect, & eſtre par
vous gardez & obſeruez ſelon
leur forme & teneur, vous ayez
à iuger & terminer ainſi qu'il appartiendra par raiſon toutes &
chacunes les oppoſitions & appellations indeciſes,& autres qui
ſe pourroient former cy apres en
execution & conſequence, deſ-
dits Eedict & arreſts, circonſtan-

ces & dependances. Mefmes
celles qui font encores de prefent pendantes & reftent à iuger
en noftredict Confeil. Lefquelles à cette fin nous vous-auons
renuoyees & renuoiós par cefdi-
res prefentes, nonobftant l'interdiction & defféces d'en cognoi-
ftre portees par les fufdicts Eedict & arrefts. Et fans que ladicte creation & eftabliffement
de Procureurs aux *Ellectiós* puif-
fe eftre tirce à confequence pour
nofdictes Cours Souueraines, ou
n'entendons eftre rien inoüé à
l'orde qui s'y pratique mainte-
nant pour le regard des Procureurs poftulans en icelles. CAR
tel eft noftre plaifir.

DONNE' à Paris le feiziefme iour
d'Aouft

d'Aouſt l'an de grace mil ſix
cens ſeize. Et de noſtre regne le
ſeptieſme.

    Signé,   LOVYS.

Et plus bas, Par le Roy.

                  Delomenie.

Et ſellees en ſimple queuë de
cire iaune.

Et à coſté eſt eſcrit.

*Regiſtrees en la Cour des Aydes, ouy le
Procureur General du Roy, aux charges y contenues, ſuyuant l'Arreſt de ladite Cour du iourd'huy à Paris, le vingt-
ſixieſme iour de Septembre , lan mil ſix
cens ſeize*

ſigné BERNARD.

EXTRAICT DES
Regiſtres de la Cour des Aydes.

EV par la Cour, les lettres patentes du Roy, donnees à Paris le ſeizieſme Aouſt, mil ſix cens ſeize, Signées. Louys, & plus pas, par le Roy, de Lomenie. Et ſeellees de cire iaune, par leſquelles & pour les cauſes y contenues, ledit Seigneur de l'aduis de la Royne ſa Mere & de ſon Conſeil, veut & mande treſ-expreſſement à la Cour,

qu'en executant son Eedict du
mois de Decembre mil cinq
cens quatre vingts dixsept, dont
il auroit reserué la cognoissance
en son Conseil, & icelle interdite à tous Iuges,& les arrests de
son Conseil, lesquels *Eedit* &
arrests. Mesmes celuy du vingt
deuxiesme Iuin mil six cens
treize, Ledict Seigneur veut &
entend sortir leur plein & entier
effect,& estre par ladicte Cour,
gardez & obseruez selon leur
forme & teneur , & quelle ait
à iuger & terminer ainsi qu'il
appartiendra toutes & chacunes
les oppositions & appellations
indecises, & autres qui se pour-
ront former cy-apres en execution & consequence desdits Ee-

dict, & atrefts, circonftances &
dependances. Mefmes celles qui
font encores de prefent pendantes & reftent à iuger en fon Confeil, lefquelles à cette fin ledict
Seigneur à renuoyé & renuoye
en ladicte Cour, nonobftant l'interdiction & deffences d'en co-
gnoiftre portées par fes *Eedict* &
arrefts, & fans tirer a confequence pour fes Cours Souueraines,
conclufions du Procureur General du *Roy*. Tout confi-
deré.

LA COVR à ordonné
& ordonne lefdites lettres eftre
regiftrees au greffe d'icelle aux
charges y contenues. Prononc-
cé le vingtfixiefme iour de Sep-

tembre, mil six cens seize.

Signé, BERNARD.

Collationné aux Originaux, par moy
Conseiller, Notaire, & Secretaire du
Roy, & de ses Finances.

9 782329 457338